AF435523

NIEBLA DE ORIENTE

Montse Carranza Milián

A mi padre, por su gran paciencia y el tiempo que me ha dedicado siempre.

A mi madre por su amor a la lectura que me ha sabido transmitir.

A mi hermana, por su cariño.

A todos los que me lean. Muchas gracias.

Índice

Prólogo

Niebla de Oriente es el título de unos seis cuentos que nacieron y se fueron perfilando hace meses, resultado de experiencias con la cultura de oriente, ya sea a través de la danza, de la gastronomía, del mundo de los negocios, los viajes y la amistad; guardados como recuerdos en un pequeño baúl, se han ido transformando en cuentos, algunos con un toque cómico y divertido, otros románticos, con una fantasía que se mezcla con la realidad. Recuerdos transformados en relatos, guardados en una carpeta de mi portátil durante meses, silenciosos, esperando a que su creadora al fin los sacara a la luz, seguramente animada por el misterio de una música y una danza capaces de inspirar, resucitar, revivir y transformar los antiguos recuerdos del alma.

La niebla de Oriente sigue allí, envuelta de una música de muy antiguos tiempos, probablemente de otras vidas, envuelta de esperanza y de una luz blanca. Luz que poco a poco te ilumina y te acerca a un mundo aún desconocido, pero cada vez más cercano, la luz de la vida y de la verdad.

Niebla de Oriente es también un pequeño puente entre culturas, que invita a la comprensión y a respetar las diferencias, para disfrutar de la armonía y de una existencia más rica.

Montse Carranza Milián

Despertar en el Golfo

Sigue el camino de los afortunados y serás feliz.
Proverbio árabe

La despertó un ruido estridente, un auto a toda velocidad surcaba la carretera desierta bordeando la playa, parecía un coche de carreras.

Amalia abrió los ojos y se giró hacia la ventana, la luz del sol se deslizaba entre los pesados cortinajes, sonrió, y volvió a recostarse en la inmensa cama, nunca antes había dormido en una cama así, sin embargo, sin tiempo a decidir si seguía durmiendo un poco más, o si se levantaba y se dirigía ya a la ventana, para contemplar el mar de la mañana, otro ruido la desconcertó.

Esta vez era como una melodía suave, se incorporó para oír mejor, sonaba como un rezo musical y repetitivo, sólo logró entender el nombre de Alá. Sintió una extraña emoción y por fin se levantó y se dirigió a la entrada de la habitación, abrió la puerta, ahora podía oír mejor el cántico, las alabanzas tal vez, al gran creador del universo, de inmediato se percató, alguien le había dejado un pequeño cestito que colgaba del puño de la puerta, lo recogió extrañada, dentro encontró el periódico, *The Gulf Times,* y enseguida reconoció la foto de un famoso tenista mallorquín en la portada, aquel día debería demostrar su valía en las pistas de la ciudad, leyó en primera plana. Amalia sonrió.

Por fin se dirigió a la ventana y abrió los cortinajes, una inmensa luz suave y blanquecina iluminaba el mar en calma, la niebla matinal del golfo no dejaba ver del todo la silueta de algún buque de carga que se divisaba a lo lejos, los rascacielos más alejados apenas se adivinaban, pero los dorados rayos del sol se iban reflejando en el mar, y mientras, lentamente la niebla poco a poco se iba disipando.

Amalia sintió deseos de escribir y cogió el lápiz y papel que tenía en una de las mesitas de noche, se sentó en una silla junto a la gran ventana, apoyándose en una pequeña mesa, mientras contemplaba el mar.

Escribió solo un par de líneas, quería compartir el momento con uno de sus mejores amigos, el amigo de su lejana adolescencia, quien jamás parecía sentir impulsos de viajar, tan siquiera de verla, ella asumiéndolo sonreía. Con la mirada puesta en algún punto del mar brillante y blanquecino iba meditando.

Un amigo en la lejanía distancia. Se decía así misma. Pocos minutos después dejo de escribir, pensó que debía aprovechar al máximo su día.

Al fin libre de puertas, ventanales, y amables pajes, Amalia salió del pequeño palacete e iba andando con paso decidido por las desérticas avenidas; a ambos lados se alzaban rascacielos de diseños modernos recién finalizados, otros terminándose, y algunos en plena efervescencia de construcción.

A pesar de ser viernes, el día festivo en aquella cultura del golfo, no todo el mundo descansaba bajo el sol, y aún en pleno invierno Amalia sentía que le faltaba el aire al respirar, el calor era sofocante.

Los rayos de sol caían con toda su fuerza ya desde las primeras horas de la mañana; la joven sudaba, pensó que debería comprarse alguna camiseta de verano, sus botas de invierno le resultaban cómodas para caminar por la arena, por los largos trayectos arenosos donde todavía nadie había construido aceras.

Los escasos automóviles que circulaban se podían contar con los dedos de una mano, a lo lejos divisó un turista japonés con su mochila cruzando una calle y tuvo la intuición de seguirlo, seguramente podría conducirla hasta el City Center, pues parecía conocer ya el camino.

Amalia apresuro el paso y corrió tras el turista, finalmente le gritó: –¡eh! perdone ¿sabe dónde está el City Center?

–Si, si –contestó el joven–, yo también voy hacía allí, siga todo recto y luego allá donde se halla el semáforo hay que torcer hacia la derecha, ¡y lo verá enseguida!

–¡Gracias!, gracias, –contestó Amalia, ya más tranquila disminuyendo la marcha.

Pocos minutos después de su paseo matinal, se percató a lo lejos de algunas señales más de vida, un autobús medio destartalado con un chofer dentro que parecía esperar, algunos guardias de color delante de un enorme y moderno edificio, y una enorme cola de taxis también esperando, Sin duda era el City Center, por fin podría tomarse algo fresco y encontrar tal vez algo de ropa más veraniega.

Apresurando el paso y con estos pensamientos en mente, de repente como un rayo apareció y lo escuchó de nuevo, el mismo gran estruendo que la despertó, pero esta vez lo vio, un auto ultramoderno de color gris, de líneas aerodinámicas cruzó delante suyo como una bala, como si en vez de circular por una avenida normal, compitiera en una pista de carreras.

El chofer del autobús, los taxistas, los guardias del edificio, el turista japonés, todos se quedaron seriamente petrificados, siguiendo con la mirada aquel auto gris extraterrestre en un mundo terrestre. Amalia sonrió al ver la cara de estupefacción de todos y se pregunto a si misma, quien sería aquel loco o excéntrico que necesitaba correr desde primera hora de la mañana, en aquella ciudad futurista y dos veces desértica.

Por fin Amalia, ya en el interior del City Center, se pudo tomar un té helado al lado de una pista de patinaje con hielo, sonriendo y observando cómo algunos niños y adolescentes con sus patines y desbordante energía, bailaban, corrían y soñaban por la pista al son de la música de Sting, igual que hiciera ella en otros tiempos. Su sueño en aquella nueva e imaginada ciudad del desierto empezaba a hacerse realidad.

Negocios de arena

Cuando necesites consejo, trabaja con paciencia.
Cuando quieras llegar lejos, crece con paciencia.
Yunus Emre

El taxi daba vueltas y vueltas por la ciudad y el Sr. Balsells parecía divertido del paseo matinal, mientras que María empezaba a inquietarse consultando el reloj a cada momento, ya qué tal vez no llegarían a la reunión a la hora concertada.

Estaba claro que el conductor indio del taxi no conocía la ciudad, y que el nombre de las calles no aparecía en ningún tipo de rotulo, ya habían preguntado la dirección en una gasolinera, poco después a unos trabajadores ataviados con chalecos naranja y cascos amarillos que pavimentaban una acera, finalmente el taxista preguntó a unos jóvenes que cargaban tubos en una furgoneta, vestidos con una kandora en este caso de color grisáceo; uno de ellos, el más mayor, y con un aire muy serio parecía conocer la dirección y después de indicarla, finalmente el conductor aceleró la marcha y se dirigió hacía la Corniche.

María por unos instantes pudo divisar entre algunas viejas y pintorescas embarcaciones, el color turquesa del mar arábigo, así como una neblina en el horizonte, sin embargo el conductor siempre rígido delante del volante, giró bruscamente hacía la izquierda a toda velocidad, adentrándose por una amplía calle sin asfaltar con grúas de diferentes tamaños y edificios en construcción a ambos lados, levantando a su paso una gran nube de polvo que provocó un ataque de tos al Sr. Balsells, que se iba atragantando y su rostro enrojeciendo.

María, apresuradamente buscó en su bolso y exclamó: –¡yo tenía unos caramelos! … –No guárdatelos para ti balbuceó el Sr. Balsells–, indicando con una mano que no necesitaba nada y al mismo tiempo con la otra tapándose la boca y sin parar de toser.

Estaban alejándose de la ciudad entrando en una carretera rectilínea hacia una urbanización desértica de villas amplías, blancas y de color rosáceo pero sin ningún rastro de vida.

Por fin después de que el taxista efectuara algunos giros y poco después de dejar a un lado un pequeño hotel con tres esbelticas palmeras, y dos gigantes cactus de enormes brazos ondulados, que conformaban un pequeño jardín delante de la entrada; el taxi se detuvo enfrente de una elegante villa, con un rotulo a la derecha de una enorme verja indicando el nombre de la empresa, y a la izquierda de la misma, delante de un muro, descansaban varios sacos de cemento, utensilios de obra, y dos grandes carretones con baldosas, piedras y otros materiales de desecho.

Todo el material aunque perfectamente ordenado, parecía un poco entorpecer la circulación, en la desértica calle.

–¡Caramba! –exclamó María– ¡esto es muy diferente a las fotos que tienen colgadas en la web!

Bajaron del taxi y poco después, un recepcionista indio les indicó que subieran por una amplia escalera de caracol, y en lo alto, al final de la misma y ya en el piso superior, tenían instalado un pulpito de madera marrón oscuro, como el que se construye en algunas grandes iglesias y catedrales, pero en este caso en lugar de un sacerdote, se hallaba de pie una joven de aspecto occidental y nombre italiano, Giovanna quien les atendió muy amablemente preguntándoles si deseaban café, y les hizo sentar en un sillón de cuero marrón, a unos cuantos metros de su lado.

A los pocos minutos de espera, apareció el jefe de compras también indio, muy serio pero con rostro amable, con el que María había mantenido por teléfono conversaciones e intercambiado e-mails comerciales; después de las presentaciones y saludos, el responsable de compras Mr. Samir comentó que en seguida el gerente, el Sr. Abdullah, les recibiría en su despacho. El Sr. Balsells aprovechó para pedir un vaso de agua.

Cinco minutos más tarde, Giovanna les indicó que ya podían entrar en el despacho, María observó que la amplia mesa del gerente Abdullah se hallaba perfectamente ordenada aunque con muchos dossiers sobre la mesa. Un gerente de aspecto imponente con expresión malhumorada y como queriendo indicar que se llega en mal momento, y no se dispone de tiempo para recibir visitas sin demasiado sentido.

Después de las presentaciones, María empezó a traducir casi matemáticamente lo que el Sr. Balsells, ya más tranquilo explicaba, sin embargo el rostro del gerente mirando fijamente al responsable de compras indio Mr. Samir, se iba ensombreciendo con una expresión casi de enfado.

De repente entró Giovanna en el despacho, con una gran bandeja, dos enormes tazas de café, y una jarra con un vaso de agua, pero el gerente acaparó la atención y mirando a Mr. Samir con clara expresión de enfado exclamó, casi a voz de grito: −¡No les comuniqué en la última reunión, que no vamos a comprar más zapatos y sandalias este año!, ¡no podemos comprarles estas espardenyes!!!. El indio Mr. Samir se quedó inmóvil mirando al gerente sin contestar una palabra.

María que hasta el momento se había limitado a traducir todo lo que el Sr. Balsells explicaba, sacó de su maletín un dosier y entregó un catálogo al gerente comentando amablemente: −aquí tiene la composición de nuestros zapatos, sandalias y espardenyes, los certificados de calidad en la fabricación, así como los nuevos modelos de esta temporada, que ya estamos vendiendo en Turquía y Egipto −explicó muy tranquilamente y sonriendo al gerente, y siguió comentando: –un importante cliente alemán nos hizo un importante pedido de sandalias hace poco, tal vez conocerá usted a la firma Schwarzeshuhe de Hamburgo…

–¡Si!!! –afirmó y añadió el Sr. Balsells–, ¡su director de compras estuvo en mi casa!

El gerente volvió la cabeza hacia María y con rostro amable y voz suave le contestó: –tal vez este año podríamos probar con pedidos pequeños, como le comenté por teléfono tenemos firmado desde el pasado año un contrato de exclusividad con una empresa italiana. María le sonrió agradecida.

De repente un ruido estridente que se iba acercando rápidamente sonó afuera, un auto a toda velocidad se acercaba para finalmente chocar y embestir con baldosas, sacos y piedras, sin embargo el misterioso auto siguió su camino, perdiéndose el estridente ruido enseguida en la lejanía. María al oír el inmenso ruido de destrozo, se levantó de un salto, pero al observar al gerente que ni se inmutaba y miraba hacia al otro lado contrario a la ventana y con cara de fastidio, se volvió a sentar. Mr. Samir que tampoco se inmutó, seguía sentado impasible y mirando fijamente al gerente. El Sr. Balsells estornudó.

Pocos minutos después de despedirse y al salir a la calle, María observó el panorama, todo el material de desecho y stock que antes había guardado en los carretones, ahora estaba esparcido en medio de la calle, igual que los sacos de cemento, las palas... se quedo mirándolo todo, pensativa, quien sería el loco que conducía así, se preguntó. Pero enseguida subió al auto del responsable de compras, el indio Mr. Samir. Éste sonriendo afirmó: –cuando le envío una oferta para sandalias, Vd. enseguida me las cotiza y me contesta, no puedo decir lo mismo de otros proveedores de Italia, que tardan días y días en contestar mis peticiones.

María tradujo estos comentarios para el Sr. Balsells. Éste asintió sonriendo y seguidamente preguntó: –¿A dónde vamos ahora?

–Mejor vayamos a pasear por el zoco Souq Waqif –contestó María–, el indio Mr. Samir, perfecto conocedor de la ruta, les condujo hasta el lugar.

–Cuándo quieran volver, me llaman al móvil y les vendré a buscar– comentó a María.

Baklava con frutos secos y miel

Disfrutemos de lo que el día nos depare,

quién sabe, si un día así se repetirá de nuevo.

Hâfis

–¡Hoy me ha pedido, un timbal de patatas con boquerones! –dijo riendo Khalil a su compañero Rachid – mientras aquel dejaba la bandeja en el mostrador, y seguía diciendo: –viene los martes y los miércoles, ¡parece hambrienta hoy!... –O tal vez enfadada–, contestó sonriendo Rachid.

–No creo, se apresuró a decir Khalil, pero es raro siempre pide o bien ensalada o bien kebab y además se ha sentado de perfil, no dándonos la espalda como siempre, siguió diciendo riéndose. –Bueno, bueno, pero lleva el libro, claro que es para disimular, –contestó Rachid guiñando un ojo a su compañero.

–¡Mira ahora está hablando con el móvil!. Voy a ver si averiguo algo. Khalil cogió un trapo y disimuladamente fue limpiando las mesas cercanas a la que se hallaba la joven de ojos claros, pelo castaño y recogido con un elegante moño, intentó acercarse y entender algo de la conversación, sin embargo la joven, sólo contestaba con monosílabos y parecía llorar, estaba discutiendo con alguien. Khalil se volvió con aire preocupado hacia su amigo y le dijo: –le pasa algo, algo le ocurre. –Ya te lo decía yo, contestó Rachid.

–Me gustaría poder preguntarle, si puedo ayudar en algo –siguió diciendo Khalil con aire preocupado–. Rachid miró a su amigo esta vez con expresión seria. –Te gusta ¡eh!... Mira tengo una idea –dijo Rachid– cuando se termine los boquerones con patatas, le traes dos rollitos de Baklava para postre y le dices que es un regalo de la casa.

–¡Pero si nunca toma postre! exclamó Khalil. –Por eso mismo, contestó Rachid.

–Escucha amigo –siguió diciendo Rachid– hoy ha pedido un menú diferente, se ha cambiado de posición al sentarse, lleva unos pendientes nuevos y ha escenificado la discusión con lágrimas hablando con el móvil.

–No creo que esté interpretando ninguna tragedia –contestó Khalil–, no creo que sea una actriz. –¡Nooo! no, pero es italiana –replicó Rachid.

–¡Oh!! Noooo!!! ¡no es italiana! –aseguró Khalil–. ¿Y cómo sabes tú esto? –preguntó Rachid.

–Pues porque se ha despedido de quien hablaba con el móvil diciendo: ¡hasta luego!! y esta expresión es española, y además mira la expresión de sus ojos y la gracia de su moño, sus pendientes....

–¡Naaada!! te digo que le traigas los rollitos de baklava cuando se acabe los boquerones, –interrumpió Rachid.

–¿Pero tu crees que se ha fijado en mi? –preguntó Khalil ahora ya algo nervioso–. Su amigo no contestó, le dió la espalda y se dirigió a la cocina.

Poco rato después Khalil se dirigía a la mesa de la joven del moño con dos baklavas en un platito –señorita es un regalo de la casa –le dijo sonriendo y seguro de sí mismo.

La joven le miró sorprendida con los ojos aún enrojecidos de llorar y suspiró agradecida –¡Oh! muchas gracias –contestó al fin sonriendo.

Khalil se apresuró de nuevo hacia el mostrador, era evidente que ella no estaba interpretando ninguna tragedia, sus lagrimas eran de verdad y parecía contenta con el postre. ¡Y qué bonita sonrisa tenía!

Mientras Khalil en el mostrador preparaba algunos cafes, una madre vestida con un niqab y una abaya y sus dos hijos pequeños se sentaron en la mesa, al lado de la joven española. La niña vestida con un chándal rosa, parecía malhumorada, el niño impecable con su túnica blanca y pantalón blanco, era travieso. −Saima antes de pedir el helado, tienes que lavarte las manos −ordenó la madre a su hija con tono suave pero firme.

¡Si! −afirmó el niño acercándose a su hermana. −¡Si no los microbios te atacaran!.

−¿Los microbios? −repitió su hermana.

−¡Siii! −contestó su hermano−, los microbios se componen de los bacterios y se alimentan de suciedad! y los bacterios se hacen más fuertes con el azúcar, y mientras iba diciendo esto, el niño cogió la azucarera de la mesa y tomó un poco de azúcar depositándolo en la palma de la mano de su hermana.

−¡Abdel por favor!!, no toques el azúcar con las manos, además no se llaman bacterios, se llaman las bacterias −contestó ya enfadada la madre.

La joven española, no pudo dejar de sonreír mirando a Abdel, este también sonrió y se sentó por fin en la mesa colocando de nuevo la azucarera en su sitio.

Inmediatamente después, con la sonrisa dibujada en los labios, la joven española se levantó dirigiéndose hacia el mostrador para pagar su almuerzo, buscó a Khalil y le dijo sonriendo: —estaba el postre muy bueno, ¿cómo se llama? —se llama baklava —contestó contento Khalil.

—Me gustaría tener la receta, ¿tienen además más recetas de postres tan deliciosos cómo este? —siguió preguntando la joven del moño—. Esta vez era Khalil quien se sintió emocionado. —Si —contestó el joven—, precisamente tengo un libro, voy a ver si lo encuentro y se lo traigo el próximo día, si no yo mismo le escribiré las recetas. Me las sé de memoria.

—¿Cómo te llamas? —preguntó la joven con una gran sonrisa, sin ningún rastro ya de lágrimas—. Me llamo Khalil —contestó el camarero—, bueno Carlos, creo que es la traducción en español.

—¿Y como sabes que soy española? —preguntó coqueta y sin dejar de sonreír, la joven del moño.

–Es muy fácil, –admitió Khalil–, con tus ojos, tu moño, tus pendientes, además que te he oído hablar y tu idioma es inconfundible, sentenció con una sonrisa. –¿Y tu cómo te llamas? –preguntó curioso el camarero–, al mismo tiempo que nervioso limpiaba con un trapo el mostrador.

–Me llamo Teresa –contesto suavemente la joven–, mientras iba alejándose despacito hasta darse media vuelta y se despidió diciendo: –¡hasta mañana Khalil!.

Al día siguiente cuando la joven llegó, se sentó en su mesa habitual y de perfil al mostrador, enseguida se percató de que en la mesa habían colocado un pequeño jarrón con dos pequeñas rosas de tela, miró las otras mesas y en ellas también había el mismo nuevo detalle.

Era evidente que comer allí sería un placer diario que superaría más allá del postre. Tímidamente la joven miró de reojo hacia el mostrador.

Rosa del Desierto

Sin la amistad el mundo es un desierto.
Sir Francis Bacon

Karen corría y corría por los pasillos de tránsito del aeropuerto de Dallas, como siempre se le escapaba el tiempo de las manos, y justo cuando se paró delante de un tablón de horarios de vuelos, se acordó que no traía ningún souvenir para Said.

Me he despistado de nuevo, ¡debía haber comprado algo el fin de semana! —se dijo a sí misma—. Pero en seguida divisó una boutique y compró un mechero de Dallas y un libro sobre la historia de los primeros empresarios del petróleo. Karen se incorporó corriendo a la cola de viajeros que ya se disponían a subir a la nave.

El vuelo de diecisiete horas transcurrió más rápido de lo previsto, Karen aprovechó para contestar los e-mails en su IPhone, para programar su agenda de los próximos dos meses, y escuchar música por los siete canales disponibles, mientras intentaba dormitar sin mucho éxito.

La imagen de Said se le aparecía una y otra vez en su cerebro, y cuando por fin pareció hundirse en un agradable sueño, su compañero de asiento le dio un suave codazo, Karen abrió los ojos; una sonriente y amable azafata oriental le ofrecía un snack, Karen lo aceptó dándole las gracias.

Pocos minutos después, se incorporó y buscó en su mochila la novela de Ken Follett, pudiendo estar varios capítulos leyendo entretenida, hasta que de nuevo las azafatas poco a poco fueron sirviendo el almuerzo.

Una hora y media más tarde después de la comida, todos los pasajeros estaban sumergidos en su siesta, y el interior de la nave se hallaba casi en completa oscuridad, entonces sonó el móvil de Karen, ésta que dormitaba, se incorporó de nuevo y sacó de su pequeño bolsito el aparato y contestó: –¡si! ¿cómo estás? –preguntó la joven de Dallas.

Said, al otro lado sonriendo, contestó: –¡contento al fin de oírte!, ¿por dónde estáis volando ahora?

Karen apartó la cortina de la ventanilla y miró hacia abajo, sin embargo sólo el color lapislázuli invadía todo el universo que podía contemplar sin poder distinguir entre tierra y mar, se dirigió de nuevo, mirando esta vez hacia la pantalla donde se indicaba el itinerario de la nave surcando los cielos y entonces exclamó: –¡estamos por algún lugar del cielo de Arabia!

Said, siguió sonriendo, parecía que a pesar de que Karen aún estuviera a algunos cientos de kilómetros de distancia, al oír su voz, pudiera sentir ya de nuevo su dulce perfume, nunca un perfume le había embriagado tanto, sin embargo como un sueño hecho realidad dentro de unas pocas horas volverían a encontrarse. –¿A qué hora llegas? –preguntó de nuevo.

–No te preocupes llegaremos tarde, mañana te llamo. Necesitaré descansar un poco –contestó Karen determinante y a la vez feliz de notar que Said estaba impaciente.

Said, siguió pensando esta vez más serio, que nunca un perfume y una voz tan dulce, la imagen de una mujer en sí, le había torturado y obsesionado tanto, ¿será la dulce embriaguez de un sueño inalcanzable? ¿la dulce embriaguez del fracaso? –se dijo así mismo angustiado –está bien, esperaré tu llamada –contestó.

Al fin en su destino, y horas después de descansar, dormir y ducharse, Karen de pie al lado de un gran ventanal en la decima planta donde se hallaba su habitación, contemplaba el vaivén de las camionetas, los taxis, los autos, los pocos transeúntes, y la vida de las calles medio cubiertas de una neblina que al final de la tarde, poco a poco se iba haciendo más espesa a medida que la ciudad se iba oscureciendo, con la sombra de la inminente noche invernal del desierto.

Muchos Toyota Land Cruiser color blanco, iban circulando por las calles de regreso a casa, parecía que todos los ciudadanos de la ciudad, se hubieran puesto de acuerdo en adquirir el mismo modelo de auto y con el mismo color, íba pensando Karen mientras se comía una fresa. Pero, ¿cómo podía ser que hubiera aquella niebla en medio de un desierto? –Se preguntó así misma.

Sumergida en estos pensamientos, marcó al fin el número de Said en su Iphone, y no tardaron en ponerse de acuerdo.

A media mañana del día siguiente, después de andar algunos centenares de metros por la soleada Corniche, y sofocada por el asfixiante calor, Karen por fin se encontraba esperándolo sentada en un sillón blanco, en aquel singular café, bebiéndose un té, al lado de otro gran y simbólico ventanal que la separaba de un mar color turquesa.

Con la mirada puesta en el horizonte, observaba desde lejos y a través del cristal, los nuevos y futuristas rascacielos de la ciudad.

Uno a uno los iba revisando, una gigantesca torre con sus sinuosas curvas, un inmenso hotel en forma de pirámide, otras torres altísimas como cubos desestructurados, circunferencias alargadas, conos redondeados.

Mientras los iba repasando uno a uno, llegó la hora del rezó y la futurista visión panorámica se vió envuelta por la suave melodía de alabanza dedicada a Alá, alabanza que recordaba a todos quien era el único arquitecto creador e inspirador del universo más bello y creativo.

Karen meditaba y a la vez se iba sintiendo impaciente, se levantaba, se acercaba al ventanal, intentaba adivinar si podía ver más allá del fondo de la superficie del mar turquesa, si podía distinguir algún pez, o alguna estrella de mar en el fondo, pero el color denso de las aguas no se lo permitía, se dirigió entonces al otro ventanal, justo el que daba a uno de los aparcamientos, y entonces lo vió llegar.

Said aparcó el auto, su 4x4, dando la espalda al ventanal, sin embargo una vez aparcado, parecía no decidirse a salir del vehículo. Iba jugueteando con el retrovisor, Karen tuvo la impresión que la estaba contemplando por el espejo y Said iba jugueteando, ajustando, enfocando el retrovisor hacia ella, mientas Karen reía impaciente y esperaba de pie tras el ventanal.

Al fin Said salió del auto con una gran sonrisa y la joven al verlo siguió riendo, mientras Said feliz de la situación se dirigía hacia la puerta principal sin dejar de sonreír, y Karen hizo los mismo, esperando impaciente de pie, el momento en que Said traspasara el umbral de la puerta, entonces se dirigió hacia él, y Said al verla se apresuro a besarla, Karen le devolvió el beso, y pronto estuvieron envueltos en una animada conversación de cómplices amigos.

Como si el tiempo no hubiera pasado entre ellos, y la distancia los hubiera acercado, no paraban de hablar y explicarse y expandirse en cualquier detalle, sin embargo Karen también estaba impaciente por ver las dunas del desierto –¡vamos Said! ¡llévame a ver las dunas! –le pidió a su amigo– ¡tenemos poco tiempo! –decía para convencerlo.

Así que Said poco después de terminarse su café, la llevó hasta el desierto fronterizo con Arabia, la carretera era totalmente recta, el cielo como siempre de color lapislázuli –¡mira allí están las dunas! –gritó Karen.

Said paró el auto embriagado de nuevo por su perfume, por su forma graciosa de moverse enfundada con aquellos jeans y su blusa blanca impecable con bordados de encaje, sus sandalias plateadas y uñas pintadas de azul, el mismo color que sus mágicos ojos.

Karen corrió hacia la primera duna y después de no sin esfuerzo escalarla se paró de inmediato, –Said ¿qué es eso? –preguntó gritando y señalando algo que se hallaba en el suelo.

Said se acercó a ella cogiéndola de la mano, pensando que tal vez algún lagarto o algún otro tipo de reptil o insecto extraño la hubiera podido atemorizar, pero sonrió de inmediato al descubrir lo que Karen le preguntaba.

–Esto es una Rosa de Jericó –contestó feliz Said.

La partida

Aquel que conoce el desierto tendrá que regresar a él.
Proverbio beduino

El teléfono sonó y Amalia que casi no había pegado ojo en toda la noche, en parte por miedo a dormirse y en parte por las especies de su cena de cocina india, cogió el teléfono de inmediato, –¡si! –contestó–. Madame son las cinco de la mañana –se apresuró a comunicar una voz femenina y con acento oriental al otro lado del hilo telefónico –Gracias, gracias –contestó de nuevo Amalia.

A lo lejos se oyó también la sirena de un buque, sin embargo Amalia no pudo distinguirlo en la inmensa oscuridad del mar a través de su ventanal. Se tomó una coca cola para intentar despejarse y se vistió rápidamente, repasando su bolso, su mochila, sus documentos, el baño, los sillones, las mesas y las mesitas de noche, al final bajó al vestíbulo y salió al exterior. El suelo de la acera estaba mojado y de nuevo la niebla cubriéndolo todo.

Unos potentes faros la iluminaron, un taxi se acercó a ella y Amalia subió agradecida. El tráfico ya empezaba a ser denso a aquellas horas, sobre todo en dirección al aeropuerto y a pesar de la niebla, la luz blanquecina del amanecer se iba imponiendo.

Al poco tiempo de circular, de pronto oyó un golpe en la rueda derecha delantera y un extraño ruido, el taxista murmuró: —creo que se ha pinchado la rueda, y paró el auto de inmediato —¡no puede ser! —exclamó Amalia.

Amalia salió del auto, el conductor indio también agachándose enfrente de la rueda —el problema es que no llevo ninguna de recambio —dijo—, muy serio.

Amalia exclamó: –¡tenemos que pedir ayuda o voy a perder el avión!–, y diciendo eso se colocó a un lado de la cuneta y empezó a hacer señales a los autos que venían detrás, pero los autos parecían no verla, seguían su curso, con la mirada al frente, sin mirar a ningún lado. De pronto oyó como un extraño zumbido y ruido estridente que se acercaba por una calle a su derecha que parecía no ser transitada por ningún vehículo. De repente se lo encontró al lado, el auto gris futurista, de líneas aerodinámicas, parado a su lado y conducido por un conductor sonriente que ya de buena mañana llevaba puestas sus gafas de sol.

–¡Por favor! ¡necesitamos urgentemente ir al aeropuerto –gritó desesperada Amalia. –¡Suba! yo la llevo –contestó el conductor–. Amalia dudó unos segundos, pero no se lo pensó dos veces, abandonando a su suerte al taxista indio que seguía agachado y rígido mirando su rueda pinchada.

A los pocos minutos Amalia se encontraba delante de una de las entradas del aeropuerto –¿cuánto le debo? –preguntó bromista–, tiene usted un auto que vale mucho más que una limousine! Y ya me he dado cuenta que le gusta hacerlo circular desde primera hora de la mañana, ¡despertándonos a todos! –siguió añadiendo Amalia, divertida de la insólita situación.

–¡Ah! –contestó riendo el conductor–, es por si me encuentro a Madames en apuros como usted. ¡Déjeme su número de móvil! –exclamó el conductor–. –¿Mi número de móvil? –preguntó sorprendida Amalia–. –Si. Si, como dice usted, este auto vale más que una limousine, tengo que calcular el precio de lo que vale su viaje y usted ahora tiene prisa –siguió diciendo y riendo el conductor.

Amalia se pasó el resto del viaje de regreso sonriendo, pensando en su divertido encuentro matinal, ahora ya conocía al misterioso conductor y de nuevo la había despertado, esta vez del todo.

Cada movimiento con tu velo es una promesa

El arte es más que música y danza, es el real reflejo del alma.
Anónimo

–¡Amalia! ¡vuelves a llegar tarde! como sigas así vas mal...

Amalia entró en la sala sonriendo –¡buenas noches! –dijo–, iba vestida con su anorak, su mochila y su bufanda azul, se sentó en una de las colchonetas, se quitó sus botas, sus tejanos y sus calcetines y se quedó con pantalón corto negro y una camiseta rosa, iba descalza y se incorporó al grupo.

Mayka, la profesora de danza oriental del Paraguay, llevaba un mini vestido de lentejuelas, le gustaba a cada movimiento mirarse y remirarse en el espejo. La música de la cantante Sherin sonaba por los altavoces. Y Amalia se olvidó del tiempo y del espacio y empezó a bailar, a pisar con fuerza el suelo, a mover sus caderas a golpe del sonido del dumbek, mientras sus brazos iban formando en el aire artísticas figuras, y Mayka, finalmente le perdonó el retraso, se dio cuenta que Amalia era feliz bailando y seguía sus instrucciones, además que tenía su estilo propio.

–¡Chicas! hacerlo todo grande, los movimientos de brazos, hacer como un gran círculo, como si dibujarais un sol. Marcar bien el ocho egipcio –decía Mayka casi gritando en medio de la música.

Sin embargo María, bailando en una esquina de la sala, se sentía cansada, le dolían las piernas y también la espalda, le era imposible desconectar a pesar de la música, pero iba imitando los movimientos de Mayka sin pasión, por inercia, ésta notaba su cansancio pero no se atrevía a regañarle. María estaba pensando que tal vez aquella sería su última clase. Entonces como si Mayka adivinara sus pensamientos, ésta miró hacia el fondo de la sala y gritó:

—¡Karen! ¿te atreves a bailar un rato?

Entonces María, Amalia y las demás chicas miraron hacia el fondo de la sala, Amalia no había reparado antes en Karen, ya que una columna le tapaba la visión de aquel ángulo del fondo de la sala, y entonces se percató, de que una joven delgada con pelo largo casi pelirrojo estaba sentada en unas colchonetas observando desde lejos y de forma discreta al grupo bailar.

Karen se incorporó de un salto y dijo: —de acuerdo lo voy a intentar—, antes de acercarse a las chicas, se recogió el pelo en una coleta, se quitó las botas camperas y se acercó al grupo sonriendo mirando a todas y a Amalia.

Mayka se apresuró a decir: —Amalia te presento a Karen, como has llegado tarde no te la hemos presentado todavía. Karen es de Dallas y va estar unos meses en Barcelona por sus estudios—. Muy bien, encantada de conocerte —respondió Amalia—, haciendo como una mini reverencia. Karen sonrió y se le iluminó su rostro lleno de pecas, –¡Hola Amalia! –contestó ésta.

Mayka dió un salto gracioso y ya se hallaba de nuevo, delante del espejo bailando siguiendo con su coreografía, sus alumnas la imitaron. A Karen no le costó seguir los pasos, los movimientos de cadera, los movimientos de brazos, parecía que hubiera estado ensayando con ellas desde meses, sin embargo era su primer día.

Mayka se apresuró corriendo a un lado de la sala y bajó el volumen de la cinta, al tiempo que preguntó: –¿Ya habías bailado antes danza oriental?

–¡Nooo que va! –mintió alegremente la joven de Dallas–, sólo he bailado country y rock and roll. Por un momento Mayka se sintió ridícula con su minivestido de lentejuelas, enseñando las pantorrillas, el estomago, las caderas y parte del pecho. Karen también bailaba descalza, pero como siempre con sus inseparables jeans y una camiseta blanca, adornada con un pequeño pañuelo rosado en el cuello, parecía dominar con creces aquella danza sensual.

De repente sonó el timbre de un móvil –¡es el mío! –contestó Amalia dirigiéndose hacia una de las colchonetas–, en este preciso instante un adolescente entró en la sala, llevando una pelota debajo del brazo al tiempo que gritó: –¡Amalia!!

–Siii –contestó esta girándose–; el móvil seguía sonando –hay alguien en recepción que pregunta por ti –informó el adolescente.

Mientras María se dirigió también hacia una de las colchonetas, donde habían guardado algún bolso e iba diciendo –creo que es mi móvil–. Mayka apagó la música. Teresa aprovechó para arreglarse el moño. Y Karen se hizo una improvisada trenza a un lado, mientras reía divertida de la situación.

–¡Hola señor Balsells! –contestó al teléfono riendo María–, ¿cómo? me está usted tomando el pelo... ¿de verdad que al fin hemos hecho negocio en aquella ciudad del desierto? ¿no será un espejismo? –preguntó divertida María.

—¡Bueno chicas ya está bien tanto alboroto! —intentó poner orden la profesora Mayka y puso de nuevo la música—. Sin embargo nada ya fue igual.

María seguía inmóvil de pie dándoles la espalda, apoyada en una columna e intentando descifrar por teléfono lo que el Sr. Balsells le acababa de comunicar. ¿Y eso cómo ha sido? —Preguntó curiosa.

—Ha llegado un fax a última hora con el pedido, y una explicación —contestó alegremente el Sr. Balsells, al otro lado del hilo telefónico—. Miguel lo ha traducido en el traductor y me ha llamado. Parece que necesitarán muchas espardenyes para algunos hoteles, así como parece ser que a las esposas de algunos altos dignatarios les encantan nuestros diseños de sandalias, y además se van a celebrar algunas importantes celebraciones en los próximos meses, y dicen que también esperan la llegada de innumerables turistas.

María sintió que el que cansancio y el dolor de espalda que la había invadido hasta el momento desaparecían por segundos, y de repente le entraron ganas de bailar, y de reír –¡esto parece una buena noticia Sr. Balsells!, ¡mañana deberemos celebrarlo! –contestó feliz la joven–, mientras se giraba y miraba a sus compañeras bailar.

Sin embargo Amalia no estaba, mientras María contestaba al móvil y Mayka y las demás chicas bailaban, ella se vistió ipso facto y abandonó la sala, se dirigió a recepción y enseguida le dijeron: –¡la esperan afuera!!

En la calle, la noche era invernal y fría, cubriéndolo todo una neblina húmeda marina, la calle estaba casi desértica, Amalia no vio a nadie y cuando iba a cruzar el paso cebra, un auto grisáceo de líneas aerodinámicas surgió de la nada y casi silencioso se paró delante de ella con las luces encendidas. –¿Amalia? –preguntó alguien asomándose por la ventanilla.

–¿Queee? ¿Cómo cómo has llegado hasta aquí??? –preguntó Amalia. Frunciendo el ceño a la vez que sonriendo ampliamente incrédula.

—Me estaba deshidratando... —Contestó su amigo decidido y sonriendo, envuelto en una enorme bufanda y cubriendo su cabeza con una gorra verdugo que sólo dejaba ver sus enormes ojos oscuros.

Pocos días más tarde Amalia despertó en una hamaca de una rápida y ligera siesta, miró fijamente al horizonte a algún punto de la lejanía del mar brillante y azul turquesa. Se acordó de su amigo de la adolescencia, miró hacia su izquierda y se encontró al piloto del aerodinámico y futurista auto gris, dormitando en una hamaca a su lado con una gorra cubriéndole el rostro. Amalia rió divertida, tal vez al fin encontró lo que buscaba —se dijo así misma incorporándose.

Miró hacia la derecha y en medio de la neblina divisó aparcados tres land rovers blancos y el futurista auto gris de su amigo, la joven apoyándose en una mesita que tenía a su lado tomó el lápiz y revisó sus escritos en un cuidadoso cuaderno de notas, su sueño de viaje al oriente parecía escribirse sólo en medio de una fantástica realidad.

De pronto sonó el móvil, Amalia contestó. Era su amiga Teresa.

–¿Qué tal Amalia? te estábamos esperando en la clase de baile, pero al final no llegaste, ni pronto, ni tarde, tengo dos cosas importantes que decirte. ¿Puedes hablar ahora?

–Si, claro –contestó riendo Amalia–. En quince días organizamos una cena en el restaurante Oasis –explicó Teresa– unos amigos quieren dar a conocer la cocina egipcia, la cocina de los países del golfo…también habrá exhibición de danza oriental, Mayka dice que ella también le gustaría actuar, puede ser muy bonito.

Amalia sonreía un poco confusa –si puede estar muy bien –se limitó a contestar–. Pero además –siguió explicando Teresa–, Karen ha propuesto también que para las fiestas de agosto podríamos actuar todas bailando country, line dance y danza oriental. Ella nos quiere enseñar a bailar country.

–¿Cómo? contestó Amalia riendo, ¿que actuemos dónde? –preguntó curiosa y divertida Amalia.

–No está acordado todavía podrían ser actuaciones en algún centro cultural o en algún teatro, lo tenemos que hablar…–comentó Teresa.

El amigo de Amalia, se incorporó y se sentó en la hamaca, miró la hora en su reloj y tomó su netbook y empezó a navegar, buscando las últimas noticias.

Amalia se levantó por fin de su hamaca y se dirigió hacia el mar turquesa, paseando por la orilla con el móvil en la mano, hablando con su amiga, le dijo a ésta: –Teresa sólo estamos en Enero, las fiestas del barrio son en Agosto.

Poco a poco la niebla de oriente se iba disipando y Amalia mientras paseaba y jugueteaba con los pies y las pequeñas olas, podía ver más claro no sólo el paisaje que la rodeaba, sino también el futuro de su vida.

—¿Cuándo regresas? —le preguntó seriamente y al fin Teresa.

Amalia mientras miraba aquí y allá y sobre todo aquel mar turquesa, le contestó sonriendo: —ya te escribo pronto un e-mail y trataré de explicártelo. Pero me parece muy bien todo lo que me has contado. Veré que puedo hacer. Besos.

—¡Amalia!, ¡Amalia! detrás de ella su nuevo amigo se acercaba sonriendo caminando también por la orilla. Amalia se giró y se detuvo, por fin el conductor del auto gris futurista y de línea aerodinámica la alcanzó a pie.

—¡Amalia! ¡tienes en facebook un mensaje de tu amiga María!, dice si la vas a ayudar a abrir la tienda de espardenyes , sandalias, y zapatos en el City Center. Amalia se puso a reír. ¡Pues claro! —contestó.

La niebla de oriente aquel día ya se había disipado, nuevos puentes entre oriente y occidente se estaban construyendo. A lo lejos las altas grúas se perfilaban en el cielo azul, moviéndose con lentitud, en la Corniche se

plantaban y regaban las nuevas platas y flores de la tem-

porada, a pesar del sofocante calor.